Eine tapfere kaiserliche Armee vor 2200 Jahren

Eine tapfere kaiserliche Armee vor 2 200 Jahren

Hauptherausgeber: Wu Xiaocong / Guo Youmin

Text: Wu Xiaocong

Fotos. Guo Youmin / Xia Juxian / Guo Yan

Deutsch: Zhang Shiguang

Herausgeber: Fan Xin

Verleger: Xi'an Welt Bücherpublikations-Co.

Adresse: 85Beidajie, Xi'an, China

Postleitzahl: 710003

ISBN 978-7-5062-8994-8

Eine tapfere kaiserliche Armee vor 2 200 Jahren

Inhaltsverzeichnis

Vorwort

Im Frühling 1974 entdeckten die Bauern Yang Peiyan, Yang Zhifa und andere beim Brunnenbohren ein paar merkwürdige, gebrannte Menschenfiguren aus Ton und alte Pfeilspitzen aus Bronze. So ein Zufall, der dazu geführt hat, dass eine über 2200 Jahre lang in der Erde verborgen liegende Armee aus der Qin-Dynastie (221–206 vor Chr.) an den Tag kam und damit ein nebelhafter und nicht allzu interessanter Abschnitt der chinesischen Geschichte allmählich klarer und attraktiver geworden ist.

Durch Ordnen und Analysieren der Funde wurde bestätigt, dass hier eine Grube war, worin zahlreiche Krieger- und Pferdefiguren aus Ton beim Beerdigen des ersten Kaisers zusammen begraben wurden. Das ist die Grube Nr. 1. Zwei Jahre später fand man nördlich der ersten Grube die Grube Nr. 2, danach Nr. 3. Die drei Gruben zusammen besetzen eine Fläche von mehr als 20000 Quadratmetern, und darin wurden 8000 lebensgroße Terrakottakrieger und -pferde sowie über 100 Holzwagen mit begraben; so spricht man von einer riesigen, majestätischen, vollständigen Heeresgruppe mit Infanterie, Kavallerie, Armbrust-,

Bogenschützen, Wagenstreitern und Befehlsstellen, was die unbesiegbare Armee des ersten Kaisers symbolisiert, mit der er das zersplitterte Land zu einem einheitlichen Zentralreich vereinigt hat.

Die Endeckung der Terrakotta-Armee war eine richtige Sensation nicht nur in China, sondern auch in der ganzen Welt. Bis heute sind über dreißig Jahre vergangen, und alle anderen Arbeiten wurden ununterbrochen und planmäßig durchgeführt. Ein Museum wurde 1979 an Ort und Stelle errichtet, und hier ist nach und nach ein wichtiger Fremdenverkehrspunkt entstanden, zu dem jährlich Tausende Touristen strömen. Allein das Museum hat bereits mehr als 50 Millionen Besucher empfangen, darunter über fünf Millionen aus dem Ausland, darunter auch Staats- und Regierungschefs. Die Terrakotta-Armee wird als das achte Wunder der Welt geschätzt, und das achte Wunder ist schon das Synonym der Terrakotta-Armee bei Xi´an. In den letzten Jahren wurden ausgewählte Figuren in beinahe 30 Ländern bzw. Gebieten zur Schau gestellt, wobei sie ein Publikum von Tausenden Personen anzogen.

Seit 1987 steht das Mausoleum von Qin Shi Huangdi, dem ersten Kaiser der Qin-Zeit (221 vor Chr.–206 vor Chr.), mitsamt der Terrakotta-Armee offiziell auf der „Liste vom Natur- und Kulturerbe“ der UNESCO. So werden diese Grabanlagen mit immer größerer Aufmerksamkeit verfolgt. Vor kurzem hat man begonnen, die Grabanlagen des ersten Kaisers zu einem Reliktenpark aufzubauen, der ein Terrain von zwei Quadratkilometern einnehmen und aus mehreren speziellen Reliktenmuseen und Ausstellungshallen bestehen soll.

Mit der Lüftung des geheimnisvollen Schleiers wird das wahre und charmevolle Antlitz des chinesischen Kaiserreichs vor mehr als 2000 Jahren allmählich klarer vor uns stehen.

Gebäude für allgemeinen Dienst

Vorderansicht der 3. Grube

Vorderansicht der 1. Grube

Vorderansicht der Ausstellungshalle für allgemeine Exponate

Vorderansicht des Kinos mit runder Leinwand

一号坑的军容
一号坑是车兵、步兵联合编队
的方阵，东端三列为前锋，西端有
一列面向西，为后卫，两边各一列
分别面向南、北为左右翼，中间面
东的武士俑和车马为主体部队。

秦俑的雕塑

Qin Shi Huangdi –

der erste Kaiser in der

chinesischen Geschichte

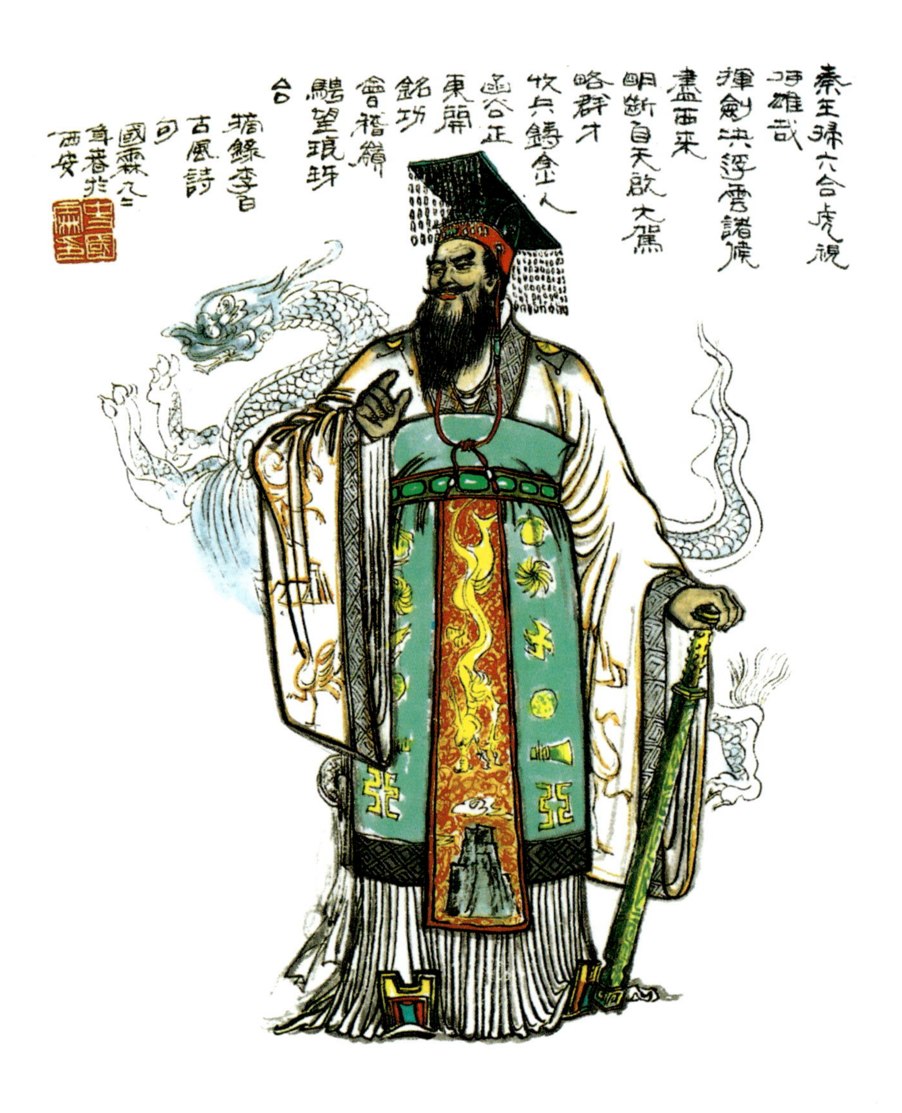

Porträt von Qin Shi Huangdi

Blicken wir mal zurück auf die Lebzeiten von Qin Shi Huangdi vor 2000 Jahren, um uns klarzumachen, wozu die Terrakotta-Armee hergestellt wurde!

Der erste Kaiser, Qin Shi Huangdi, heißt Ying Zheng, geboren im Jahre 259 vor Chr., gestorben 210 vor Chr., ist ein Monarch in der chinesischen Geschichte mit großem Talent und einem strategischen Blick. Zu seinen Lebzeiten existierten auf dem chinesischen Territorium zuerst zahlreiche Lokalfürstentümer. Durch heftige Kämpfe gegeneinander blieben zuletzt nur noch sieben mächtigere Königreiche übrig, darunter auch das Qin-Reich mit Ying Zheng als König, die die Historiker „die sieben mächtigen Fürstentümer in der Periode der streitenden Staaten" (475 vor Chr.–221 vor Chr.) nennen. Um die Vorherr-

Landkarte der Qin-Dynastie

schaft rivalisierten die sieben Staaten heftig und brutal miteinander. Oft wurden Tausende und Abertausende Soldaten in eine Schlacht geworfen, und ein Krieg dauerte häufig viele Monate, sogar jahrelang. Ein Beispiel dafür ist die Schlacht in Changping zwischen dem Qin- und Zhao-Staat um 260 vor Chr. Am Ende der Schlacht waren bei den Zhao-Truppen sämtliche Munition und Lebensmittel aufgebraucht, so dass sie kapitulieren mussten. Aber die Kapitulanten wurden dann unter dem Befehl vom Kommandeur der Qin-Armee, General Bai Qi, ausnahmslos lebendig begraben. Noch heute kann man Knochenhaufen auf dem ehemaligen Schlachtfeld sehen. Dies beweist, wie grausam und brutal der Kampf war, so wie alle anderen Kämpfe.

Bronzeglocke

Die separatistischen Zustände und aufeinanderfolgende Kriege brachten die Volksmassen in Elend und Armut, die fruchtbaren Felder wurden verwüstet, unzählige und unschuldige Menschen starben in dem von Kriegen gebrachten Unglück und dazu kamen noch Naturkatastrophen, besonders wurden viele Be- und Entwässerungsanlagen zerstört, weil jeder von den Lokalherrschern die anderen an Dürre leiden und von Hochwasser überschwemmen lassen wollte, so entwickelte sich die soziale Produktivkraft stark rückläufig. Außerdem benutzte jedes Regime in seinem Herrschaftsgebiet seine eigene Schrift und Geldform; die Gewichts-, Mengen- und Größeneinheiten waren nicht einheitlich und die zahlreichen Zölle behinderten besonders den Austausch von Kultur und

Chunyu (ein Musikinstrument) aus Bronze

Waren. Unter diesen verhängnisvollen Verhältnissen wünschte das Volk, den Krieg zu beenden und das ganze Land zu vereinigen, um ein friedliches, ruhiges und tätiges Leben führen, sich erholen und die Produktion entwickeln zu können.

Der Fürstenstaat Qin (Qin Guo) war Anfang der Periode „der streitenden Reiche" ein armes und schwaches Fürstentum. Durch Reformen

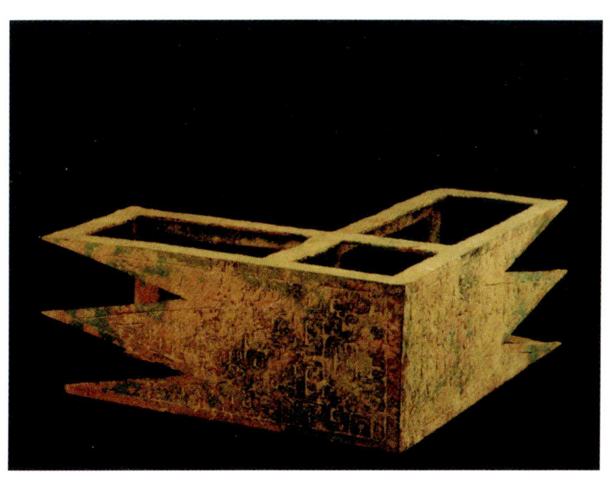

Ein Bronzebauelement

Eisernes Schwert mit vergoldetem Griff

erlebte es schnell einen Aufstieg, weil die Agrarkultur in seinem Land angeregt und eine Politik zu Gunsten der Landwirtschaft verfolgt wurde, wie z. B. das Land nach Recht und Gesetz verwalten, „neue Agrarfelder erschließen, das Neun-Felder-System abschaffen“, Bewilligung des Felderkaufs und -verkaufs, Anerkennung des privaten Bodenbesitzes u. a. Das bedeutete tatsächlich eine politisch, wirtschaftlich und ideologisch tiefgehende Revolution. Die Revolution brachte dem Qin-Staat umwälzende Änderungen, und etwa hundert Jahre später wurde das Fürstentum schon ein übermächtiger Staat. Als Qin Zhao Wang (König Qin Zhao, 324–251 vor Chr.) regierte, besaß sein Staat „eine Armee von über einer Million gepanzerten Kriegern, tausend Kampfwagen, zehntausend Pferden“ sowie „berghohe Getreidehaufen“. Anhand der Taktik seines Beraters Fan Sui, „sich mit fern liegenden Staaten anfreunden und gegen nahe kämpfen“, war es dem Qin-König gelungen, die Allianz zwischen den anderen sechs Staaten zu zerstören. So verloren dann die sechs allmählich ihre Kampffähigkeit und konnten den Angriffen des Qin-Staates

Bronzekanne mit Schießerei-Muster

nach und nach nicht mehr standhalten. Da kam die Zeit, die geschichtliche Entwicklung zur Landesvereinigung zu verwirklichen.

Aber für die Landesvereinigung ist ein harter Mann, ein tatkräftiger Führer mit einer eisernen Hand, unbedingt notwendig. Das war der König Ying Zheng. Die Zeit, wo überall Kriegsflammen loderten und Säbel blitzten, hat ihn zu einer hervorragenden Persönlichkeit, zum tatkräftigen Führer, gestählt. Über das Lebensschicksal Ying Zhengs herrscht seit jeher große Verwirrung mit Tendenzen zur Legendenbildung. Sein Vater heißt Yi Ren, ist Enkel von Qin Zhao Wang (Zhao König), ein Sohn von Qin Xiaowen Wang (Xiaowen

Beschriftete Tigerfigur von Dongjun (Symbol des Militärbefehls)

König). Unter seinen vielen Geschwistern ist Yi Ren nicht die Erstgeburt, auch nicht von der Hauptehefrau seines Vaters geboren, deshalb achtete niemand im Hofleben auf ihn, und aus diesem Grund wurde er als Pfand nach Handan, der Hauptstadt des Zhao-Staates, geschickt. Seitdem führte Yi Ren dort ein elendes Leben eines verunglückten königlichen Abkömmlings wie ein herrenloser Hund.

Nach einiger Zeit geschah eine dramatische Änderung: Yi Ren lernte zufällig einen Mann namens Lü Buwei kennen, einen sehr reichen Kaufmann, der nicht nur verstand, Geschäfte zu treiben, sondern auch politische Intelligenz und strategische Einsicht besaß. Nachdem er Yi Rens sonderbaren Status und schwierige Lebensverhältnisse erfahren hatten, überlegte er, wie ihm Yi Ren später bei seinen politischen Spekulationen zur Verfügung stehen könnte. Das könnte ja ein äußerst profitabeles Geschäft sein!

Als Erstes bemühte sich Lü, Yi Ren zu helfen, dass dieser in seinen Heimatstaat zurückkommen und dann den Thron besteigen konnte. Um sein Ziel zu erreichen, schenkte er Yi Ren 500 Tael (chinesische Gewichtseinheit in der alten Zeit für Gold und Silber) Gold, damit dieser in Handan Freunde gewinnen und sich Prestige verschaffen konnte;

dann kaufte er teuerste Perlen und Juwelen und andere kostbare Dinge für wieder 500 Tael Gold und brachte das alles in den Qin-Staat. Da war es ihm möglich, Beamte und wichtige Personen zu bestechen, besonders Madame Huayang, eine Konkubine von Qin Xiaowen Wang (damals noch Thronerbe). Dadurch wurde die Bedingung für die Rückkehr von Yi Ren geschaffen. Dieser kam zurück und wurde Thronerbe. Sein Vater, Qin Xiaowen Wang, starb nur ein Jahr später nach der Thronbesteigung.

In der Tat waren die Beziehungen zwischen Yi Ren und Lü Buwei viel komplizierter als das oben Genannte. Zwischen beiden bestand ein großes Geheimnis, das nicht ans Tageslicht kommen sollte. Falls das Geheimnis gelüftet würde, könnte es zu einer politischen Krise kommen. Das kommt daher, dass Yi Ren einmal bei einem Festmahl, während er sich als Pfand im Zhao-Staat aufhielt, mit Lüs Konkubine Kontakt aufnahm, die nicht nur hübsch und verführerisch war, sondern auch verstand, gut zu singen und zu tanzen. Bald gerieten beide in eine Affäre, was Lü sehr peinlich und ärgerlich machte. Aber um seines politischen Ziels willen nutzte Lü trotzdem die Situation aus und „schenkte" dem „Pfandmann" die Frau: Er ließ die beiden einfach heiraten, wobei es verheimlicht wurde, dass die Frau damals schon schwanger war. Nach der Heirat bekam sie einen Sohn. Da das Kind im ersten Monat (chinesisch: Zheng Yue) des Jahres geboren war, gaben die Eltern ihm den

Beschriftete Tigerfigur von Du (Symbol des Militärbefehls)

Eiserne Hellebarde

Namen „Zheng", und weil die Qin-Bevölkerung den Familiennamen „Ying" trug, hieß das Kind Ying Zheng. Das ist nur eine Sage, obwohl sie in geschichtlichen Aufzeichnungen steht. Ob das Tatsache ist, wer eigentlich der richtige Vater ist, weiß man heute nicht. Das ist das Kind, das später der erste Kaiser in der chinesischen Geschichte wurde.

Nach dreijähriger Regierungszeit starb der Vater Ying Zhengs 247 vor Chr., und der 13-jährige Ying Zheng wurde zum König gekrönt. Der König wusste, dass er noch zu jung war, um die damalige, sehr komplizierte, äußerst unbeständige politische Lage zu meistern; so musste er seine Mutter und Minister mit der Verwaltung seines Staates betrauen, insbesondere Lü Buwei und Lao Ai, den Günstling seiner Mutter.

Im Jahre 238 vor Chr. fand im Hof die offizielle Zeremonie zur Krönung statt, und seitdem regierte Ying Zheng mit 22 Jahren erst persönlich seinen Staat. Er hatte da alle Staatsmacht in der Hand. Um Entscheidungskämpfe gegen die anderen sechs Staaten zu

Ziegelkopf mit Kröte-Muster

Seine Truppen waren unbesiegbar, wohin sie auch zogen, entweder der Feind wurde vernichtet oder kapitulierte, so dass die anderen Fürsten schließlich unterlagen und ihre Kronen niederlegen mussten, und das geschah nur in einem Zeitraum von etwas mehr als zehn Jahren.

Nachdem König Ying Zheng Zentralchina, also hauptsächlich das Einzugsgebiet des Gelben Flusses, vereinigt hatte, schickte er Truppen nach Süden (südlich des Changjiang-Flusses, führen und sie zu besiegen, begann er alsbald Vorbereitungen zu treffen. Vor allen Dingen beseitigte er die feindlichen und gegnerischen Kräfte innerhalb seines Staates, dann ergriff er eine militärische Offensive nach der anderen, verleibte sich ihr Gebiet Stück für Stück ein und vergrößerte dadurch das Territorium seines Landes; ferner säte er ständig Zwistigkeiten zwischen den Feindstaaten, um ihr Bündnis zu zerreißen. Es war auch wichtig, dass er eine große Anzahl von talentierten und tüchtigen Kräften aus dem In- und Ausland rekrutierte, die dann zur Landesvereinigung viel beitrugen.

Von 236 vor Chr. an begann König Ying Zheng mit dem umfangreichen Vereinigungszug.

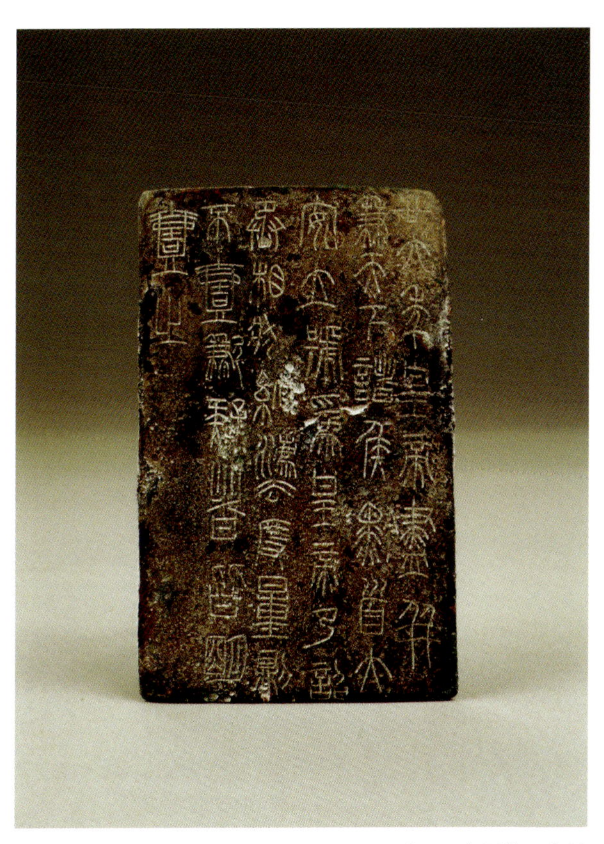

Bronzeplatte mit Ediktsschrift

heute die Provinzen Zhejiang, Fujian, Guangdong, Jiangxi und das autonome Gebiet Guangxi, wo damals nationale Minderheiten siedelten) und machte das Gebiet zu seinem Territorium. Geichzeitig überwältigte seine Armee im Norden Hunnensippen und befestigte die nördliche Staatsgrenze.

Jetzt wurde endlich ein einheitliches zentralistisches riesiges Kaiserreich mit verschiedenen Nationalitäten ins Leben gerufen, das sich im Osten bis zum Ozean, im Westen bis in die Qinghai-Tibet-Gansu-Hochebene, im Süden über die Wuling-Gebirgskette und im Norden bis in die heutige Innere Mongolei und östlich des Liaohe-Flusses erstreckte. Die Stadt Xianyang wurde zur Hauptstadt des Kaiserreichs gemacht.

Vor der Landesvereinigung wurde das Staatsoberhaupt im Allgemeinen König genannt, danach nannte es sich Kaiser (chinesisch: Huangdi), um seine unvergleichbaren Verdienste und ruhmreiche Würde zu symbolisieren, und zwar „der erste Kaiser" (chinesisch: shi huangdi), was bedeutet, dass seine Nachfolger zweiter, dritter ... Kaiser werden und dass die von ihm gegründete Staatsmacht unendlich fortgesetzt wird. Von da an wurde der Titel Kaiser in China mehr als 2000 Jahre gebraucht. „Qin" ist die Bezeichnung des Fürstentums und der Herrscherfamilie, so wird der erste Kaiser auch „Qin Shi Huangdi" genannt.

Um seine Hoheit hervorzuheben, ließ Qin Shi Huangdi das Etiketten- und Dokumentensystem gründlich ändern. Ein kaiserlicher Befehl hieß nun z. B. „zhi" oder „zhao", der Stempel des Kaisers hieß „xi", der Kaiser nannte sich „zhen" usw. Solche Ausdrücke wurden in Bezug auf Kaiser verwendet, die anderen durften sie nicht gebrauchen.

Die Verbesserungen sind zwar auffallend, aber nicht besonders sinnvoll. Was wichtig ist, ist Folgendes:

Eine ganze Reihe von Verwaltungsorganen und ein Beamtensystem wurde von oben bis unten errichtet. In der Zentralregierung war der Kanzler der höchste Zivilbeamte und für die Zivilangelegenheiten zuständig, Taiwei war der höchste Offizier und kümmerte sich um die Militärangelegenheiten, Yushi Dafu war der höchste Aufsichtsbeamte, sorgte für die Beaufsichtigung von Beamten. Die drei standen nicht in untergeordneter bzw. übergeordneter Beziehung, jeder hatte seine eigene Macht und Pflicht und assistierte dem

Kaiser bei der Verwaltung des Staates, aber wichtige Entscheidungen durfte nur der Kaiser treffen.

Qin Shi Huangdi nahm den Vorschlag an, das Lehenssystem abzuschaffen und stattdessen das Verwaltungssystem von Präfekturen und Kreisen einzuführen. Das ganze Land ließ er in 36 (später 46) Präfekturen gliedern, und den Präfekturen unterstanden die Kreise, den Kreisen die Gemeinden, den Gemeinden die Untergemeinden. Es muss darauf hingewiesen werden, dass die wichtigen Zivil- und Militärbeamten der Zentralregierung, Präfekturen und Kreise direkt vom Kaiser ernannt, abberufen und anders wohin versetzt wurden. Je nach Amt und Rang wurde das Gehalt der Beamten verschiedener Ebenen genau festgelegt. So wurde die Entlohnung durch ein Landgut im Lehenswesen total abgeschafft. Diese bedeutenden Maßnahmen verstärkten in hohem Maße die zentralistische Verwaltung und es wurde die Grundlage für das darauf folgende Feudalbeamtensystem geschaffen, das dann in China über 2000 Jahre lang galt.

Quadratisches (Getreide-)Maßgefäß aus Bronze

(Getreide-)Maßgefäß aus Bronze

Um der gedeihenden und aufblühenden Zeit nach der großen Vereinigung sowie der Hoheit und Heiligkeit der Kaisermacht Ausdruck zu verleihen, ließ der erste Kaiser mit riesigem Interesse Schlösser bauen. Schon vor der Landesvereinigung wurden prächtige Schlösser gebaut. Jedes Mal, selbst während der Kriegsjahre, wenn ein Staat besiegt wurde, ließ der erste Kaiser in der Nähe von Xianyang ein Schloss mit dem des besiegten Staates als Muster bauen, und nach der Vereinigung vergrößerte sich seine Baugier; so wurden Schlösser mit großem Aufwand in noch größerem Ausmaß erbaut. Allein bei der Hauptstadt Xianyang wurden etwa 270 herrliche Schlösser in voller Pracht fertiggestellt. Schöne Zeiten dauern aber nicht lange. Bald nachdem die Qin-Dynastie zugrunde ging, wurden die Schlösser leider in Kriegen gänzlich von Aufständischen in Brand gesetzt.

Der Grund, dass man heute das von Qin Shi Huangdi aufgebaute politische Feudalsystem immer noch anerkennt, liegt nicht nur darin, dass der separatistische Zustand des Landes beendet wurde, sondern vielmehr darin, dass der Kaiser vieles auf dem Gebiet der Wirtschaft und Kultur vereinheitlichte:

Laufgewicht aus Bronze

1. Vereinheitlichung der Währung. Vor der Vereinigung des Landes war die Währung in jedem Staat anders, was für Güterumlauf und Handelsgewerbe ungünstig war. 221 vor Chr. erklärte der Kaiser die Währungen, die in anderen Staaten gegolten hatten, für ungültig und ließ ab sofort ein neues Währungssystem einführen: Die neue Währung bestand aus Golf als „Obergeld" und „Yi" (20 Tael schwer) als dessen Einheit; mit runder Kupfermünze mit einem quadratischen Loch in der Mitte als „Untergeld" (ein halbes Tael schwer). Die runde Münze mit einem quadratischen Loch verwendete man in China bis zum Ende der Qing-Dynastie (Anfang des 20. Jahrhunderts), dann hat sie mit dem Untergang der feudalistischen Monarchie in China für immer ihr Ende gefunden.

Die Große Mauer

2. Maß- und Gewichtvereinheitlichung. Gleichzeitig mit der Währungsvereinheitlichung erließ der Kaiser sein Edikt für die Vereinheitlichung von Maßen und Gewichten. Darin wurde festgelegt, dass die Grundeinheiten der Länge Cun, Chi, Zhang und Yin hießen, und zwar 10 Cun = 1 Chi, 10 Chi = 1 Zhang, 10 Zhang = 1 Yin. Die Grundeinheiten für Rauminhalt waren Yue, He, Sheng, Dou und Hu, darunter entspricht z. B. 1 Dou 2010 ml. Die Gewichtseinheiten waren Zhu, Liang, Jin, Jun und Dan, 1 Dan entspricht z. B. ca. 30,75 Kilogramm.

3. Vereinheitlichung von Schriftzeichen. Die chinesischen Schriftzeichen hatten ursprünglich dieselbe Herkunft. Wegen der langjährigen Landesspaltung wurden sie in verschiedenen Teilstaaten unterschiedlich geschrieben. „Ein Zeichen (Wort) in unterschiedlichen Formen", das erschwerte die Durchführung der Dekrete und des Wirtschafts- und Kulturaustauschs. Der Kaiser ließ den Kanzler Li Si auf der Basis der Schriftzeichen im früheren Qin-Staat eine Standardschreibweise ausarbeiten und die dieser nicht entsprechenden beseitigen. Dabei wurden sogar Mustertexte herausgegeben.

4. Standardisierung von Wagenspurweiten. Nach der neuen Verordnung wurde in wenigen Jahren ein Verkehrsnetz in standardisierter Wegbreite gebaut. Außerdem wurde nach der Vereinigung eine neue, strenge und einheitliche Rechtsordnung auf der Basis der Qin-Gesetze ausgearbeitet. Der erste Kaiser ließ die alten einzelnen Wälle im Qin-, Yan-, Zhao- und anderen Teilstaaten ausbessern, ausbauen und miteinander verbinden, und daraus entstand die heutige Große Mauer mit einer Gesamtlänge von mehr als 10 000 Li (2 Li = 1 Kilometer). Die Große Mauer ist ein großartiges und wundervolles Bauwerk in der Kulturgeschichte des Menschen und verkörpert die unendliche Schöpferkraft der chinesischen Nation.

Tal, in dem Konfuzianer lebendig begraben wurden

Grabhügel von Hu Hai, dem zweiten Kaiser der Qin-Dynastie

Trotz des großen und beispiellosen Beitrags zur Entwicklung der chinesischen Geschichte ist der Reichsvereiniger andererseits ein großer Tyrann, dessen despotische barbarische Herrschaft die von ihm geschaffene vitalitätsvolle Dynastie schnell zum Untergang brachte.

Unter seiner Herrschaft war die Hinrichtung sehr unmenschlich, z. B. zweiteilen in der Hüfte, köpfen, lebendig begraben, in kleine Stückchen zerhacken, ertränken, durch fünf Pferdekarren zerstückeln, in Wasser bis zum Tod kochen u. a. Es gab überdies Foltern, Freiheitsstrafen, Verbannung und Zwangsarbeit verschiedener Arten. Was am meisten zu kritisieren ist, ist die Verbrennung von Büchern und das lebendige Begraben von Konfuzianern. 213 vor Chr. wurden auf Befehl des Tyranns Geschichtswerke, bis auf die, die im ehemaligen Qin-Staat geschrieben wurden, das „Buch der Lieder" und Werke von Gelehrten in Brand gesetzt. Nur Bücher über Heilmethoden und Arzneien, über Divination und Weissagung, über Baumpflanzung, wurden verschont. Gleichzeitig wurden einmal über 460 Konfuzianer in Xianyang durch lebendiges Begraben getötet und dann noch mal in Lintong mehr als 700.

Bei seinen Untaten hegte der Kaiser überhaupt die Absicht, seine Macht zu festigen; es trat aber genau die gegenteilige Wirkung ein. Bei der 5. Inspektionsreise 210 vor Chr. wurde er von einer plötzlich auftretenden schweren Krankheit befallen und starb. Da war er erst 50 Jahre alt.

Ihm folgte nämlich der zweite Kaiser, sein Sohn Hu Hai, dessen Fähigkeiten zur Staatsverwaltung viel schlechter waren als die des Vaters. Der Wüstling war wirrköpfig und noch grausamer. Er führte nämlich ein Lasterleben, so dass bald überall bewaffnete Bauernaufstände ausbrachen. Im Jahre 206 vor Chr. wurde die Qin-Dynastie gestürzt. Sie bestand nicht ewig, sondern entgegen dem Willen des ersten Kaisers nur 15 Jahre.

Die wundersamen Grabanlagen

des ersten Kaisers

Das Grab des ersten Kaisers befindet sich am Fuß des Lishan-Bergs im Bezirk Lintong, ist östlich von der Stadt Xi´an 35 km entfernt und eine der größten kaiserlichen Grabanlagen in ganz China.

Fast jeder von den chinesischen Kaisern achtete sehr auf den Bau seiner Grabanlagen; er bedachte nicht, wie groß der Aufwand an finanziellen Mitteln, Materialien und Arbeitskräften sein würde. Als der erste Kaiser den Thron bestieg, war er erst 13 Jahre alt, und von da an begann er wie seinesgleichen schon mit dem Bau seiner Grabanlagen. Um majestätische Grabanlagen zu errichten, wurden zu dem Zeitpunkt, als die Bauarbeiten in

Grabhügel des ersten Kaisers

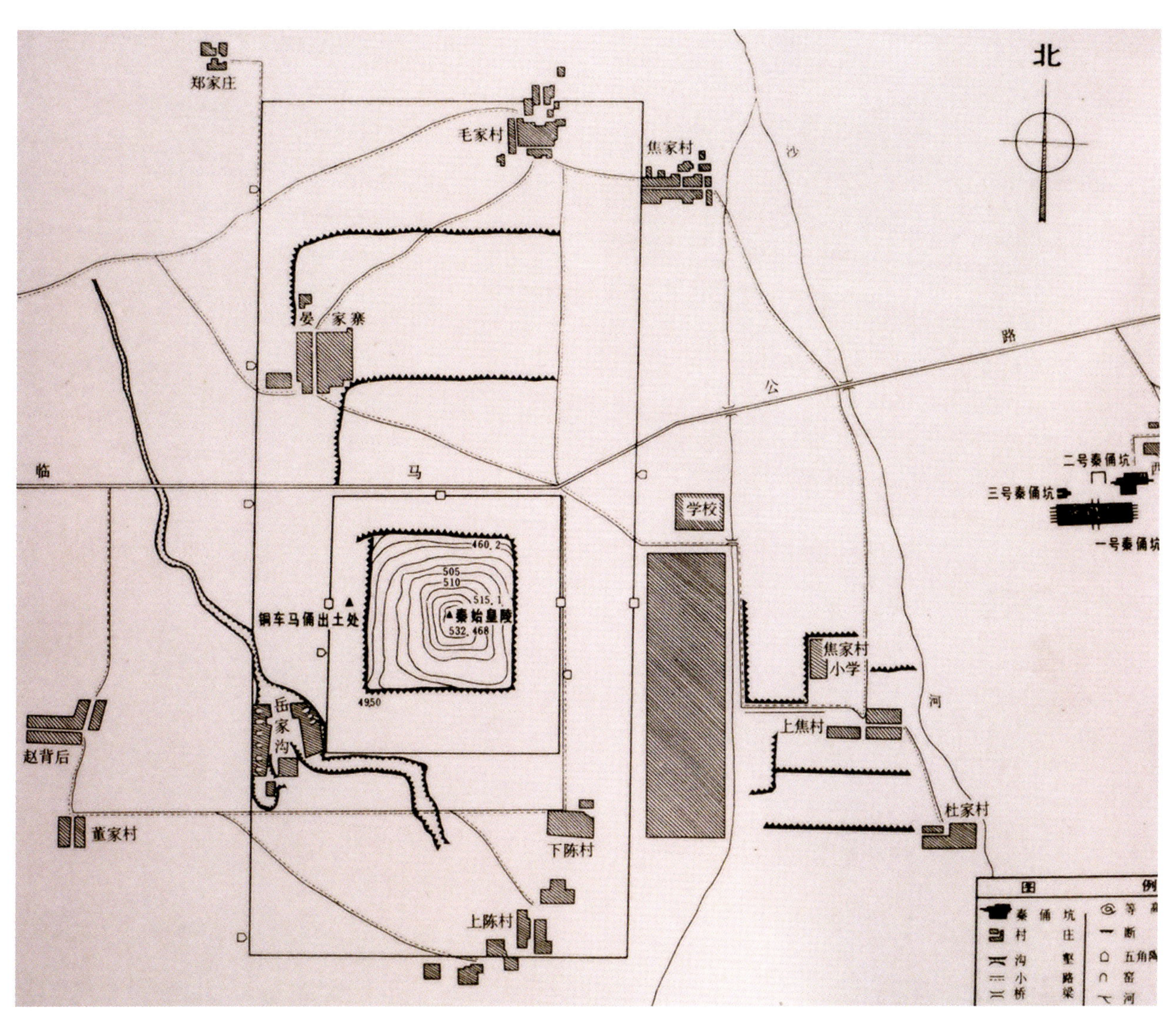

Grundriss der Grabstätte des ersten Kaisers

vollem Gang durchgeführt wurden, mehr als 700 000 Sträflinge als Arbeiter zwangsmäßig eingesetzt. Nach den historischen Aufzeichnungen von Si Maqian reichte die Totengrube bis in die Tiefe unter der dritten Quellwasserschicht. Die Grabungswände und der Boden waren mit einer Kupfergussschicht gefestigt. Innerhalb der Grube wurde noch ein Tempel gebaut, der mit Schätzen gefüllt war. Der Kaiser ließ gleichsam die ganze Welt unterirdisch nachbauen. Die Decke war ein gemaltes Firmament, die Gewässer wurden durch Quecksilber dargestellt. Selbstschussanlagen schützten den Zugang. Alle Arbeiter, die die Geheimnisse der Anlagen kannten, wurden bei Abschluss der Arbeiten umgebracht.

Musikglocke

Durch archäologische Untersuchungen wurde festgestellt, dass der Grabhügel eigentlich eine Höhe von etwa 115 Metern hatte. Heute ist er aus verschiedenen Gründen nur noch 76 Meter hoch. Es existierten innerhalb der Anlagen Bauten wie Innen- und Außenmauer,

Ziegelkopf mit Drachen- und Vogelmuster

Fünfeckiges Wasserrohr

Tore, Mausoleum und Seitenhallen; jetzt hat man Baumaterialien als Relikte wie Ziegelsteine und Rohrstücke u. a. gefunden. Der Mittelpunkt des unterirdischen Palastes ist die Stelle, wo der Sarg steht, sie ist 30 Meter tief unter der Erdoberfläche. Da der unterirdische Palast noch nicht freigelegt worden ist, kann man zurzeit noch nicht genau wissen, was drin ist. Aber rings um die Grabanlagen hat man schon Hunderte von Beigrabstätten angebohrt und ausgegraben, darin wurden Bronzewagen, gebrannte Tonfiguren wie Vögel, Tiere und Schauspieler und Beamte aufbewahrt, dazu wurde auch eine Grube mit Militärausrüstungen gefunden. In den Ausgrabungen gibt es nicht wenige Kleinodien, die man in der ganzen Welt selten sieht.

Figur in kniend-sitzender Stellung

Ziviloffiziersfigur ▶

Grube von Ziviloffiziersfiguren

Die Grube befindet sich südwestlich von dem Grabhügel des ersten Kaisers, ist 50 Meter von diesem entfernt und hat eine Fläche von über 140 Quadratmetern in einer „中“-Form. Hier hat man acht Tonfiguren von Ziviloffizieren mit verschränkten Händen im Ärmel und vier von Kutschern herausgegraben. Die Figuren tragen einen gefütterten Kurzmantel und hohe Kopfbedeckung. Ausgegraben wurden auch Holzkarren und echte Pferdeskelette. Durch Erforschung von Kleidung der Ziviloffiziersfiguren, von den bei sich getragenen Tonmessern und Wetzsteinen kommt man zu der Erkenntnis, dass diese Grube ein Verwaltungsbüro der Zentralregierung versinnbildlicht.

◄ Ziviloffiziersfigur

Steinhelm

Grube für Steinpanzerungen

Die Grube liegt südöstlich des Kaisergrabs, ist von diesem ca. 200 Meter entfernt und hat eine Fläche von etwa 13 000 Quadratmetern. Aus der Grube wurden über 80 steinerne Panzer und 10 Helme ausgegraben. Es gibt Panzer, die aus durch feine Kupferdrähte gebundenen schuppenförmigen Steinscheiben bestehen, sowie Panzer aus Täfelchen und Pferdepanzer. Jeder Schuppenpanzer besteht aus ca. 800 Scheiben, und der Tafelpanzer aus 300 bis 600 Täfelchen. Diese Art Panzer wurden wahrscheinlich von Soldaten und Unteroffizieren getragen. Man hat hier nur einen einzigen Pferdepanzer gefunden, der aber schwer beschädigt und schwer zu restaurieren ist. Die Helme wurden auch aus Steinscheiben gefertigt. Der Helm hat nur an Augen und Nasenlöchern Öffnungen. Man nimmt an, dass die gefundenen Sachen Imitationen sind, die speziell als Grabbeilagen gebraucht wurden, aber ihre Herstellung verlangte hohes Kunstgeschick und deshalb besitzen sie als Kunstwerke hohen wissenschaftlichen und kunstlerischen Wert.

◀ Steinpanzer

Grube für Figuren von Schauspielern

Die Grube liegt südlich der für Steinpanzer, wurde 1999 entdeckt und besetzt eine Fläche von 800 Quadratmetern. In der Grube sind 11 Tonfiguren gefunden worden, die nur eine Kurzhose anhaben, und der Oberkörper und Beine sind unbekleidet. Die Figuren sind zum Teil mager, zum Teil stark, manche von ihnen heben ihre Arme hoch, manche verschränken die Hände vor ihrem dicken Bauch. Sachverständige sind der Meinung, dass die Figuren die dem Ringen ähnliche und akrobatische Kunst im kaiserlichen Hof darstellen sollten. Die Entdeckung ist für Forschung und Klärung der höfischen Unterhaltungen von großer Bedeutung.

Schauspielerfigur ▶

◀ Schauspielerfigur

◀ Wildente aus Bronze

Grube für Figuren von Wasservögeln aus Bronze

Die Grube wurde im Jahre 2000 entdeckt. Sie befindet sich nordöstlich außerhalb der Außenmauer der Grabstätte, ist vom Grabhügel etwa drei Kilometer entfernt und hat eine Fläche von 1000 Quadratmetern. Der Grundriss der Grube hat eine Form von einem „F". Aus der Grube wurden 31 Wasservogelfiguren aus Bronze ausgegraben, die so groß wie lebendige Tiere sind. Es gibt darunter Schwäne, Wildgänse, Gänse u. a. In einem Wasserbecken gehen manche von den Vögeln spazieren, manche ruhen sich aus oder suchen ihre Speise. Außerdem hat man in dieser Grube über zehn seltsame Menschenfiguren aus Ton mit sonderbarer Geste und Mimik gefunden, die in kniender und auf dem Boden sitzender Stellung vorhanden sind. Was diese Figuren versinnbildlichen, warum sie dazu mitbegraben wurden, bleibt bis heute noch ein Rätsel.

◀ Kranich aus Bronze

Unbesiegbare und siegreiche

Armee des Kaisers

Die Gruben für die Terrakotta-Armee befinden sich östlich des Grabhügels des ersten Kaisers und sind 1,5 Kilometer davon entfernt. Hier sieht man die grandiose Szene für die Kampfbereitschaft der kaiserlichen Armee, die die starke, ruhmreiche Militärmacht und ihre Kampfordnung von verschiedenen Waffengattungen darstellt, was der Erforschung der damaligen Kampfkunst wichtige Gesichtspunkte liefert.

Die Grube Nr. 1

Die rechteckige Grube ist 230 m lang und 62 m breit, hat eine Fläche von 14260 Quadratmetern. Sie ist die größte der drei Gruben, in der ca. 6000 Tonkrieger und -pferde sowie über 40 Holzkarren begraben wurden. Das Ganze stellt eine rechteckige Formation dar, die aus Kampfwa-

Infanterie und zweirädrige Kampfwagen

◀ Vorhut in Grube Nr. 1

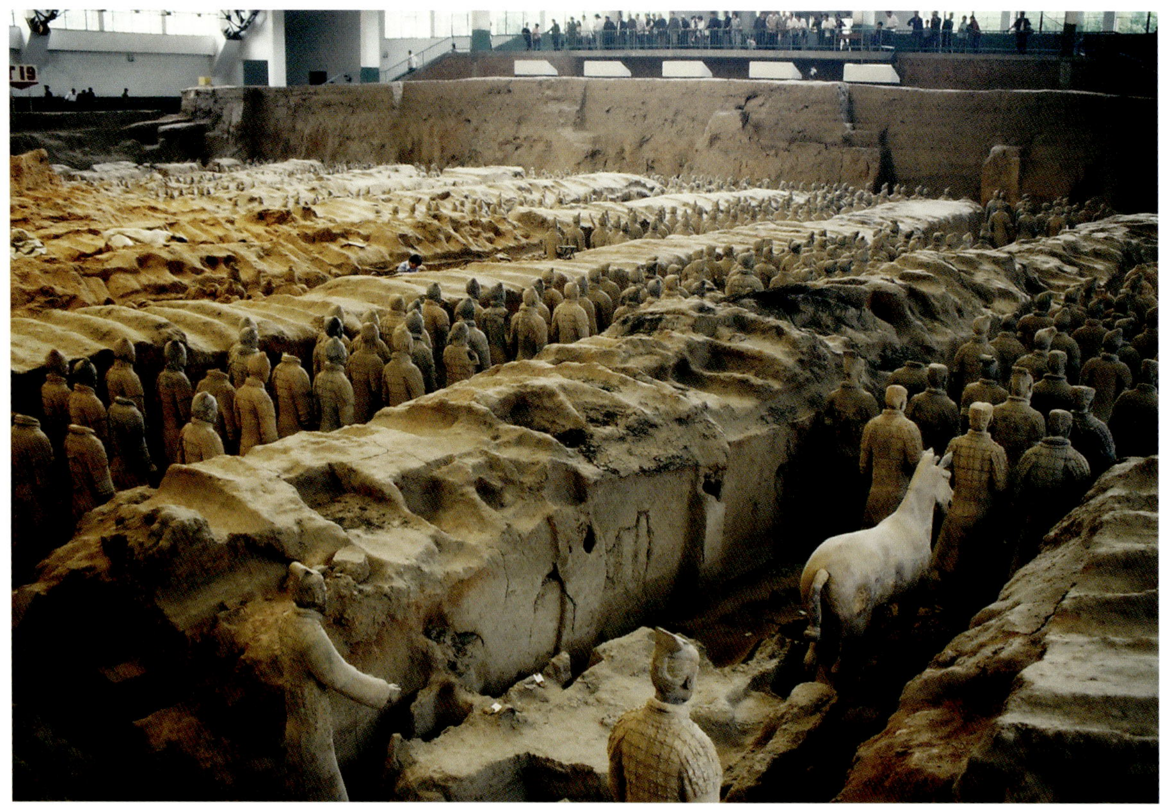

Hinteransicht der Kampfordnung in Grube Nr. 1

gen und Infanterie besteht. Die vordersten drei Reihen bestehen aus je 68 panzer- und helmlosen Infanteriefiguren – insgesamt 204 Stück, die Armbogen in der Hand halten und schießbereit stehen. Das ist die Vorhut. Dahinter wurde die Grube durch Wände mit Durchgängen in elf Räume geteilt, in denen 38 Längsreihen Soldaten und jeweils von vier Pferden gezogene Kampfwagen stehen. Die meist gepanzerten Krieger mit Beinschiene halten meistens Lanze, Spieße und Speer, Hellebarde, Bogen oder Armbrust in der Hand. Am südlichen und nördlichen Rand stehen je eine Reihe von Kämpfern als zwei Flanken gegenüber. Als Nachhut steht eine Längsreihe von Kriegern, sie sehen nach Norden und mit dem Rücken gegen ihre Kameraden, um den Angriff von hinten zurückzuschlagen. Es zeigt sich, dass hier eine gut organisierte Schlachtordnung der kaiserlichen Armee dargestellt ist.

Wagenreste und Fuhrleute in Grube Nr.1 ▶

Infanterie und Kampfwagen in Grube Nr. 1

Hinteransicht eines Teils der Kampfordnung ▶

Seitenflanke der Kampfordnung

Seitenflanke der Kampfordnung

Trennwände in Grube Nr. 1

Fuhrmanns- und Infanteriefiguren

Tonpferde

Wagenüberbleibsel und Tonpferde

Die Grube Nr. 2

Die Grube befindet sich nordöstlich der Grube Nr. 1, 20 Meter entfernt von dieser, ist 124 m lang und 98 m breit, etwa 6000 Quadratmeter groß und bildet eine L-Form. Die Ausgrabung ist noch nicht abgeschlossen. Gemäß den beendeten Bohr- und Ausgrabarbeiten nehmen Sachverständige an, dass hier über 350 Tonpferde zum Wagenziehen, 116 Sättel für Kampfpferde, über 900 Kriegerfiguren und 89 Holzkampfwagen begraben wurden. Das alles bildet eine L-förmige Kampfordnung

Kavallerist und gesatteltes Pferd in Grube Nr. 2

Ausgrabungsstätte der Grube Nr. 2

Generalsfigur

aus Infanterie, Kavallerie, Bogenschützen und Kampfwagen. Sie gliedert sich in vier miteinander verbundene kleinere Gruppen: die vordere ist eine Bogenschützengruppe aus über 330 Mann, darunter bilden ca. 160 Gepanzerte in acht Längsreihen, in kniender Schießstellung, den Kern. Zu beiden Seiten sind ca. 170 Tonfiguren mit Kampfmantel in stehender Schießstellung. In der Schlacht sollten die zwei Gruppen abwechselnd schießen und dadurch das Annähern der Feinde verhindern; die zweite Gruppe besteht aus 64 Kampfwagen mit je drei Soldaten (ein Fuhrmann und zwei Krieger). Die dritte ist eine gemischte Kampfwagengruppe aus Wagen, Infanterie und Kavallerie. Dabei bilden 19 Wagen den Hauptteil, dazu noch über 260 Infanteristen und dahinter acht Kavalleristen. Die Aufgabe dieser Gruppe besteht darin, einen Überraschungsangriff gegen den Feind zu unternehmen. Mit einer solchen Armee ist es zu jener Zeit möglich, die Initiative im Kampf zu gewinnen.

Tonfigur in kniender Schießstellung in Grube Nr. 2

Bemalte Figuren in kniender ▶
Schießstellung in Grube Nr. 2

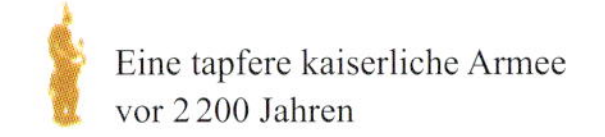

Die Grube Nr. 3

Die Grube, aus der 66 Tonkrieger und ein Vierergespann ausgegraben wurden, befindet sich nordwestlich der Grube Nr. 1, ist 25 m von dieser und 120 m von Nr. 2 entfernt. Die U-förmige Grube hat eine Fläche von 500 Quadratmetern. Diese Grube ist zwar am kleinsten, aber viel bedeutender als Nr. 1 und Nr. 2, weil die Kriegerfiguren nicht in Kampfordnung stehen, sondern in dem nördlichen und südlichen Nebenraum. Es ist leicht zu erkennen, dass die Krieger Gardisten sind, die bei der Kommandozentrale Wache halten, weil sie Bronzewaffen mit langem Schaft wie die Bambuswaffen der Ehrengarde tragen. Aus der Grube wurden weiter noch Tierknochen und Geweihe, Überbleibsel von Tieren, die als Opfer geschlachtet wurden, und Bronzeringe gefunden, die zum Hängen von Vorhängen gebraucht worden waren. Es ist klar, dass hier ein Hauptquartier war. Aus den ausgegrabenen Gegenständen aus den drei Gruben ist die Konstruktionsüberlegung ersichtlich: Es gab sowohl ein scharf bewachtes Hauptquartier als auch tapfere Truppen. All das stellt eine grandiose Szene aus dem Siegeszug der kaiserlichen Armee dar, als der erste Kaiser die anderen sechs Saaten unterwarf und das Land vereinigte.

Die oben genannten drei Gruben haben eine Gesamtfläche von über 20 000 Quadratmetern. Seit der Entdeckung 1974 werden Ausgrabungs- und Restaurationsarbeiten kontinuierlich durchgeführt. Bis die

Grube Nr. 3 von oben

Der südliche Nebenraum der Grube Nr. 3

Ein Teil der Grube Nr. 3

Ehrengardisten in der Grube Nr. 3

Der nördliche Nebenraum der Grube Nr. 3

Raumteil für Wagen und Pferde in der Grube Nr. 3

Ein Teil der Grube Nr. 3

Bei der Ausgrabung

Anfängliche Ausgrabung

Spuren eines Kampfwagens

Arbeiten schließlich fertig sind, muss man sich weiter noch jahrelang große Mühe geben. Seit Jahren arbeitet man so, dass die Ausgrabung, Restauration und Ausstellung parallel ausgeführt werden. Daher ist dies hier nicht nur ein inhaltsreiches Militärmuseum für das antike China, sondern die hiesige Ausgrabung und Restauration lenkt auch zugleich in der Welt die Aufmerksamkeit von Archäologen und Fachleuten auf dem Gebiet der Kulturdenkmäler auf sich.

Restauration in der ersten Phase

Teilansicht der Gefechtsformation

Nach historischen Niederschriften wurde das Mausoleum des ersten Kaisers von Räubern mehrmals heimlich ausgegraben und zerstört, was leider bisher nicht bestätigt wurde. Durch unsere Ausgrabung kann man feststellen, dass mindestens die Bauwerke über der Erde und die Terrakotten schwer gestört und beschädigt wurden. Die drei genannten Gruben waren ursprünglich halbunterirdische stollenartige Werke aus Holz. Bei der Ausgrabung haben wir gesehen, dass beinahe sämtliche Holzanlagen verbrannt wurden, und wegen des Zusammenbruchs und menschlicher Zerstörungen waren die Terrakotten bei der Ausgrabung schon Splitter. Durch Erforschung nahmen Fachleute an, dass sich der Brand möglicherweise am Ende der Qin-Dynastie und Anfang der Han-Dynastie ereignete, wahrscheinlich durch die in das heutige Shaanxi eingedrungenen Truppen des Generals Xiang Yu.

Um den unschätzbaren Reichtum für die menschliche Kulturgeschichte, die Terrakotta-Armee, ewig aufbewahren zu können, damit uns die gigantische Armee deutlich gezeigt wird, haben Archäologen und Denkmalspezialisten eine Menge harter und minuziöser Arbeiten geleistet. Vor allen Dingen

Teilansicht der Gefechtsformation

führten sie Überprüfungen und Ausgrabungen durch. Als man z.B. mit den Gegenständen in Berührung kam, musste man Handschaufel, feine spitze Bambusstäbchen und Bürsten ganz vorsichtig gebrauchen und sie gleich fotografieren, zeichnen und notieren, um allerart nützliche Informationen zur Erklärung und Restauration der Relikte zu sammeln. Zu gleicher Zeit begann die Restauration und Schutzarbeit. Jedes Bruchstück des zersplitterten Gegenstandes, wie klein es auch war, musste registriert und nummeriert werden, um ihn später originalgetreu restaurieren zu können. Besondere Mühe schenkte man dem Schutz von Erdrelikten der Figurengruben und den Farben der bemalten Figuren. Bei der Lösung schwieriger Probleme hat man durch Zusammenarbeit mit verschiedenen Forschungsanstalten im In- und Ausland viele positive Ergebnisse erzielt. Mit der Entwicklung von Hightech werden neuerdings im Museum Multimedia-Mikrocomputer bei der Sammlung und Verarbeitung der Informationen über die Ausgrabungen verwendet, und so haben die Systematisierung, Vervollständigung und Verwissenschaftlichung der archäologischen Informationsmaterialien ein neues Niveau erreicht, und damit sind neue Erfahrungen für das weitere Ausgraben und Bearbeiten gesammelt worden.

Einzigartige Bronzewaffen

Bronzespießspitze

Bronzeschwerter

Die Krieger sind zwar aus Ton hergestellt, ihre Waffen sind aber aus Bronze, die damals praktisch angewendet werden konnten. Hier gibt es langschäftige Waffen wie Schwerter, Säbel, Lanzen und Hellebarden u.a.; Pfeilspitzen für Bogen und Armbrust; von der Ehrengarde getragene Waffen wie Bronzeaxt, Shu (eine Waffe aus Bambus mit Kanten, aber ohne Klinge). Insgesamt hat man über zehntausend Stück Waffen verschiedener Art ausgegraben. Hier sind fast alle Waffengattungen zu jener Zeit zu sehen. Pi (eine Art Lanze mit einem sehr langen Schaft) und Shu sind zuvor nur in Geschichtswerken beschrieben worden, aber man hat hier zum ersten Mal den Gegenstand gefunden, das ist von großer Bedeutung. An vielen Gegenständen sind noch Herstellernamen, -datum, -amtsbezeichnung eingeschlitzt.

Die Bronzewaffen sind kunstvoll gefertigt und zeigten ein kompliziertes technologisches Verfahren: zuerst gießen,

Bronzepfeile

dann feilen und schleifen, meißeln und polieren, so dass die Waffen nicht nur scharf sind, sondern auch sehr schön aussehen. Beispielsweise verlaufen die durch Schleifen und Meißeln entstandenen Striche ganz parallel in gewünschtem Abstand. Was unvorstellbar ist, ist, dass die Herstellung ohne heutige moderne Maschinen erfolgt ist.

Es ist bekannt, dass das Verhältnis der Legierungskomponenten für Härte, Zähigkeit und andere mechanische Eigenschaften normalerweise entscheidend ist. Gerade in diesem Punkt sieht man die hohe Herstellungstechnik und ihre Wissenschaftlichkeit bei der damaligen Waffenherstellung. Ein antikes wissenschaftliches Werk, Kau Gong JI, enthält speziell die Angaben des optimalen Kupfer- und Zinngehalts für sechs Bronzeprodukte, man sprach von „Liu Qi“ (sechs Komplexe). Durch Tests der Legierungskomponenten aus verschiedenen ausgegrabenen Bronzewaffen wird bewiesen, dass das Kupfer-Zinn-Verhältnis

Bronzearmbrustabzug

Bronzehiebaxt

Shu aus Bronze

in den Schwertern und Lanzen den Angaben in Kao Gong JI annähernd ist. Der Zinngehalt in den Bronzepfeilspitzen wurde absichtlich gemindert, dagegen der Bleigehalt gesteigert. Das kommt daher, dass das Blei giftig und damit gefährlicher für den Feind ist.

Pi aus Bronze

Was besonders zu nennen ist, ist der großartige Erfolg hinsichtlich der Technik gegen Rostangriff. Viele Waffen lagen über 2 000 Jahre lang unter der Erde, aber sie blieben dennoch blank und scharf, als sie aus der Erde herausgenommen wurden. Durch Tests wurde geklärt, dass sich an der Oberfläche dieser Waffen eine Oxidschicht aus einer chromhaltigen Legierung befindet. Es zeigt sich, dass die Waffen durch spezielle Maßnahmen gegen Rostung behandelt wurden. Dass man vor 2 000 Jahren so eine Technologie beherrschte, ist wirklich ein Wunder in der metallurgischen Geschichte des Menschen.

Es ist auch bekannt, dass die Überlegenheit der Waffen für die Kampffähigkeit einer Armee sehr wichtig ist. In der Rivalität zwischen den sieben streitenden Staaten konnte der Qin-Staat deshalb die anderen sechs unterwerfen und einen einheitlichen zentralistischen Staat gründen, weil er einzigartige Waffen besaß, was eine der wichtigen Voraussetzungen dafür war.

Glanzvolle Skulpturen

Gepanzerter Tonkrieger

Die Bildhauerei hat in China eine lange Geschichte und zählt zur traditionellen überragenden Kunstart. Schon in der Neusteinzeit gab es kleine bemalte Skulputuren vom Menschenkopf. Seit der Shang- und Zhou-Dynastie (1600 bis 256 vor Chr.) erfuhr die Skulpturkunst eine neue Entwicklung. Und danach, in der Qin-Dynastie (221 bis 206 vor Chr.), wurden wiederum neue Fortschritte und Erfolge erzielt. Zugleich unterschied sie sich von der seit der Han-Dynastie (206 vor Chr. bis 220 n. Chr.) unter buddhistischem Einfluss stehenden Skulptur und vertrat einen fortschreitenden und avancierenden Neuschaffungsgeist. Die herrliche Schlachtordnung der

Gepanzerte Tonkrieger

Bemantelte Tonkrieger ▶

Fuhrmannsfigur

Terrakotta-Armee kann man daher sowohl als eine militärische Schatzkammer als auch einen prächtigen Kulturpalast betrachten.

Die Errungenschaften bei der Terrakotta-Armee in Bezug auf die Skulpturkunst zeigen sich wie folgt: Als Erstes sieht man die Figuren in rauen Mengen, in lebensgroßem Körperbau und in erschütterndem Szenario. Die Tonkrieger und -pferde zählen 8000 Stück, stehen in Schlachtordnung und bilden eine Marschierkolonne, die so aussieht, als ob sie gerade zum Sieg nach vorn stürmt. Die kräftigen Krieger sind meist etwa 1,8 m groß, der größte sogar 2 Meter. Die Tonpferde sind meistens 1,7 bis 2 Meter lang. Das sind also ganz normale Pferde! Solch zahlreiche Tonfiguren sind in der chinesischen archäologischen Ausgrabung bisher noch ohnegleichen.

Fuhrmannsfigur ▶

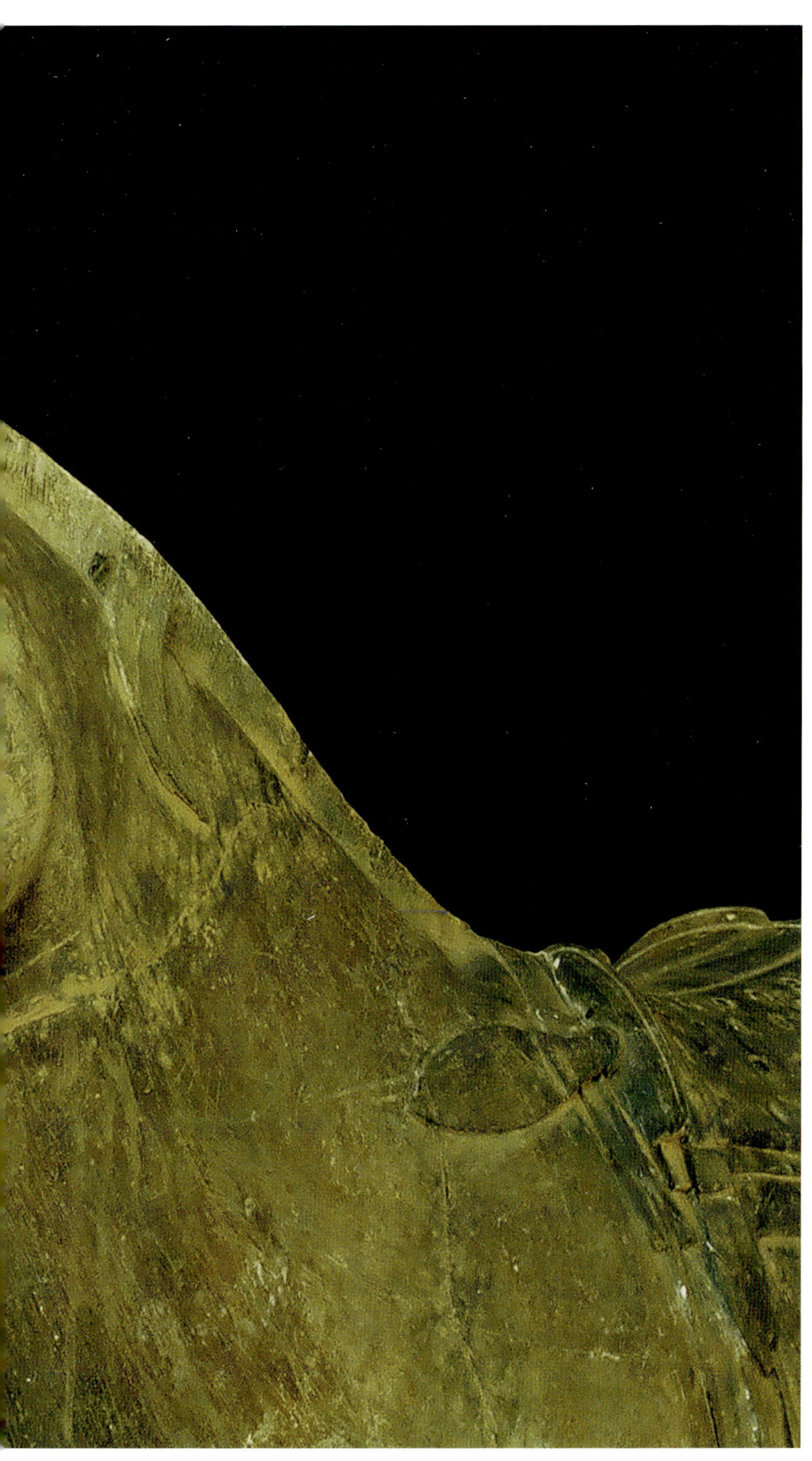

Kopf eines Tonpferdes

Als Zweites ist der prägnante realistische Skulpturstil zu nennen. Man strebt nach idealer Kunstfertigkeit und Naturgetreuheit. Daher besitzen die Figuren deutliche Eigenschaften von Porträt- bzw. Naturzeichnung. Die einzelnen Figuren wurden nicht nur so naturgetreu, sondern auch so ausbalanciert geformt, als hätte man bei der Arbeit immer ein Muster aus dem realen Leben bei sich. Die Pferde z. B. scheinen zum Galopp bereit zu sein, und in der Armee kann man die Klassen und Grade wie General-, Unteroffizier- und Soldatenfigur an ihrer Kleidung, Gürtel, Kopfbedeckung und Positur erkennen. Die Generäle sind z. B. von großer, mächtiger und kräftiger Statur, tragen bemalte Schuppenpanzer, vogelförmige Kopfbedeckung und rechteckige Schuhe mit nach oben gekrümmter Spitze und scheinen mit kühner Entschiedenheit und guten Manieren zu sein. Die Kämpfer tragen Mantel, Panzer und höhere Kopfbedeckung, halten Waffen in der Hand. Charakteristisch zeigen sie sich kraftvoll, kampferprobt und dem Tod ruhig entgegensehend. Die knienden Armbrustschützen krümmen das rechte Bein, das linke Knie berührt den Boden, und ihre Hände sind in bogenhaltender Position. Die stehenden tun einen Schritt nach vorn, und ihre beiden Füße bilden eine T-Form: das linke Bein in T-Form und das rechte streckt sich kräftig nach hinten. Die Arme sind in Schießpositur.

Besonders zu betonen sind die durch lebendige und verschiedenartige Gesten und Mimik am Gesicht dargestellten charakteristischen Eigenschaften der Menschenfiguren, fast jede hat ihre eigene Geste und Mimik, also jede Figur ist ein individuell charakterisiertes Kunstwerk. Unter den Tausenden Figuren kann man kaum einen „Zwilling" finden. Jedes Gesicht scheint ein genauer Lebenslauf zu sein, aus dem man je-

Tongeneral ▶

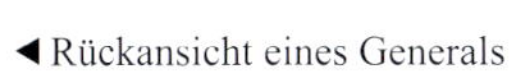

◄ Rückansicht eines Generals

Stehender Bogenschütze

Kniender Bogenschütze aus Grube Nr. 2 ▶

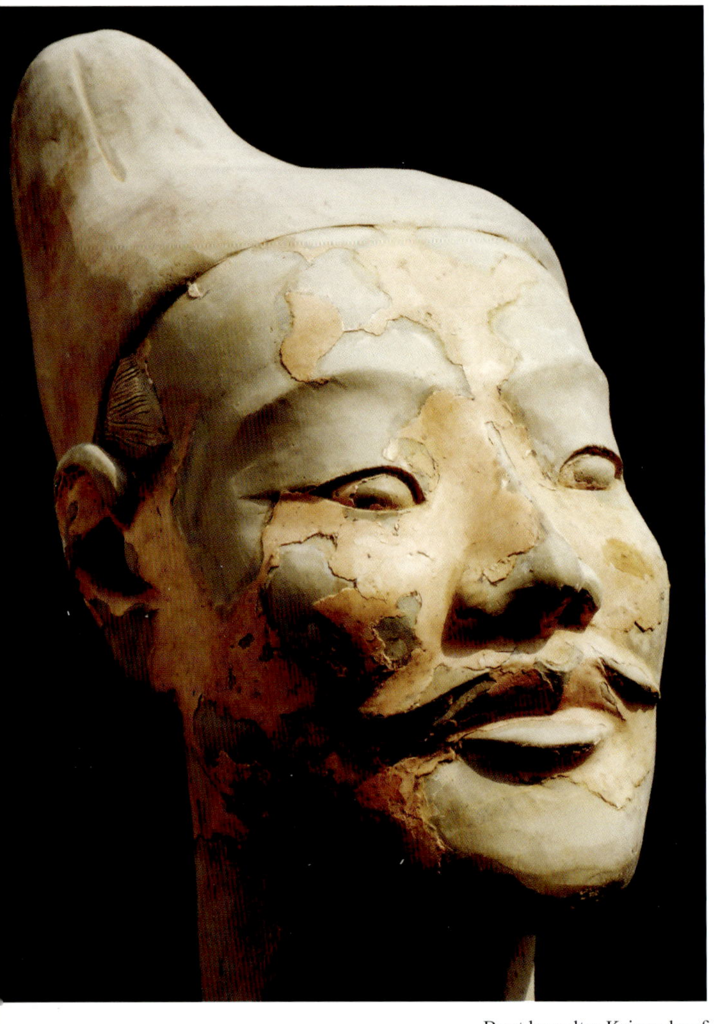

Bunt bemalter Kriegerkopf

Generalkopf

weils Nationalität, Alter, Heimatort und sogar Charaktereigenschaften lesen kann. Die künstlerische Anziehungskraft dieser Kunstwerke wäre, so meint man, ja mit der der Skulpturwerke im alten Griechenland und im alten römischen Reich vergleichbar.

Als Drittes nennen wir die farbenprächtige Malerei. Die Tonfiguren waren ursprünglich sämtlich farbig bemalt. Wegen des wiederholten Brandes in der Geschichte und der Wassererosion wurden die Farben an den Körpern der Figuren großteils zerstört. Aus den übriggebliebenen Farbenflecken hat man festgestellt, dass die Figuren einst mit Mineralfarben bunt bemalt waren wie Rot, Grün, Blau, Weiß, Schwarz

Generalkopf▶

Bunt bemalter Kriegerkopf

Bunt bemalter Kriegerkopf

Bunt bemalter Kriegerkopf

Bunt bemalter Kriegerkopf

Bunt bemalter Kriegerkopf

Bunt bemalter Kriegerkopf

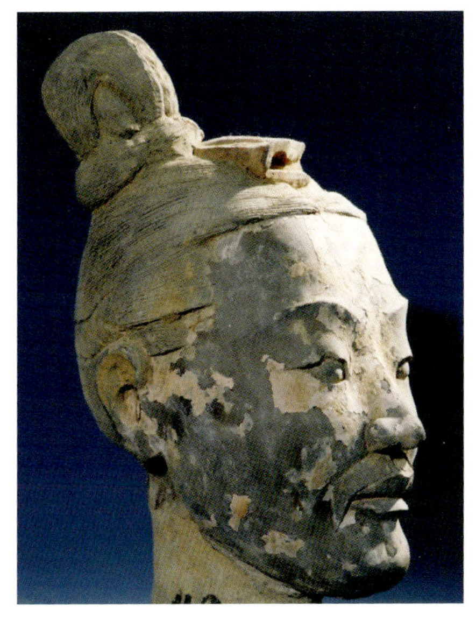

Bunt bemalter Kriegerkopf

Bunt bemalter Kriegerkopf

Kopf eines bemantelten Kriegers

Bunt bemalter Kriegerkopf

Kopf eines bemantelten Kriegers

Kopf eines bemantelten Kriegers

Kopf eines gepanzerten Kriegers

Kopf eines gepanzerten Kriegers

Kriegerkopf

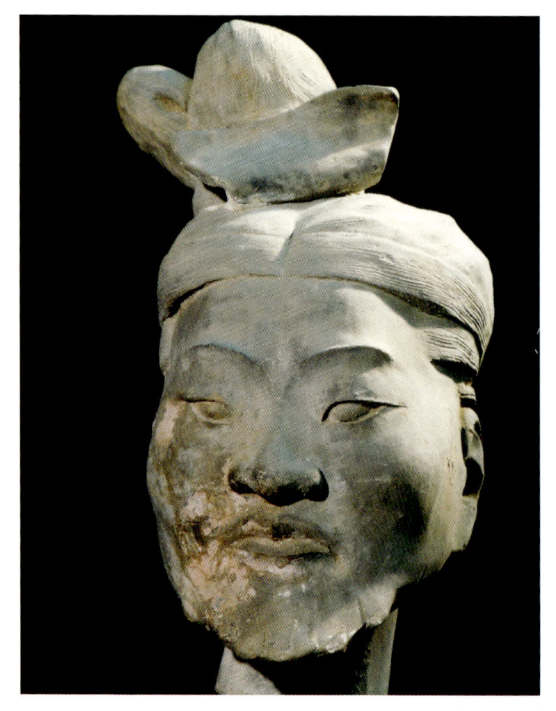

Kriegerkopf

Tonpferd

u. a., aber meist Rot, Grün, Blau und Dunkelrot. Der heitere und klare Farbton und die scharfen Kontraste erwecken heute noch ein starkes ästhetisches Empfinden. Nach ungenauer Schätzung sind schon insgesamt 8 000 Stück von Tonkriegern und -pferden ausgegraben. Wenn jedes Stück im Durchschnitt 1,5 Quadratmeter bemalte Fläche hätte, so würde im Ganzen eine Bildrolle mit einer Breite von einem Meter und einer Länge von 12 Kilometern entstehen. Ist das nicht ein großes Wunder in der Geschichte der Weltmalerei?

Nicht zu vergessen ist die geschickte Herstellung der Figuren einschließlich deren Brennen. Die Herstellung so zahlreicher Tonformlinge bis zu deren Brennen stellt an sich schon einen komplizierten, schwie-

Kriegerkopf

rigen, anspruchsvollen Prozess des künstlerischen Schaffens dar. Durch Untersuchung und Analyse von Splittern erfuhren wir, dass man bei der Herstellung der Formlinge zwei Methoden angewendet hat, nämlich Handformen und Formpressen, meistens aber Handformen, dazu gehören verschiedene traditionelle Verfahren wie Häufen, Formen, Kleben, Schnitzen und Malen. Die Herstellung eines Kriegers ist z.B. schon nicht leicht: Der Kopf und die Frisur wurden durch Pressen gefertigt, die Ohren sind mit der Hand gebastelt. Man musste zuerst die Frisur und die Ohren an den Kopf kleben und dann Augen, Wimpern, Mund, Bart u.a. in Relief schnitzen und eingravieren. Die Herstellung eines ganzen Menschen oder Pferdes ist selbstverständlich noch viel komplizierter und schwieriger, besonders die verschiedenartigen Gesichtsausdrücke. Nach der Formgebung ist das Brennen entscheidend. Durch wissenschaftliche Untersuchung und Analyse ist herausgefunden worden, dass die Temperaturen im Brennofen zwischen 950 bis 1050 °C gesteuert werden mussten, erst dann bekam das Produkt optimale Farbe und Glanz, gute Dichte und hohe Härte. Hierin kann man die hervorragende Kunstfertigkeit der damaligen Töpfer sehen. Würde man heute Nachahmungen machen, wäre es nicht leicht, dieselbe Qualität zu erhalten.

Kurz gesagt, die Kunstfertigkeit der Qin-Tonfiguren verkörpert generell die ästhetische Schönheit des Kunststils und zugleich der Individualität, vereint sich in der Geschlossenheit der Darbietung der

Großaufnahme der Kriegeraugen

Bart einer Tonfigur

Kopfbedeckung eines Generals

Weiche Kopfbedeckung eines Kriegers

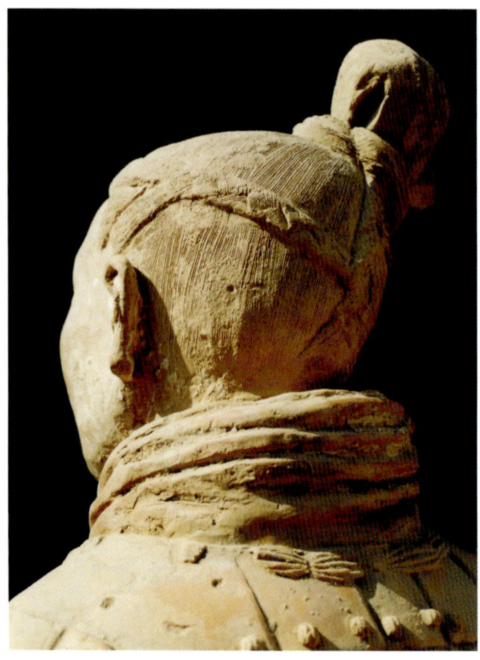

Frisur einer Tonfigur

Frisur einer Tonfigur ▶

Frisur einer Tonfigur

Frisur einer Tonfigur

◀ Frisur einer Tonfigur

Gürtel

Gürtel

Gürtel

Gürtel

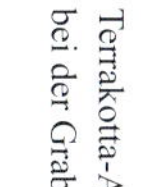

Großaufnahme einer Hand

Großaufnahme
einer Hand

Großaufnahme einer Hand

Großaufnahme eines Fußes

Großaufnahme eines Fußes

Großaufnahme eines Fußes

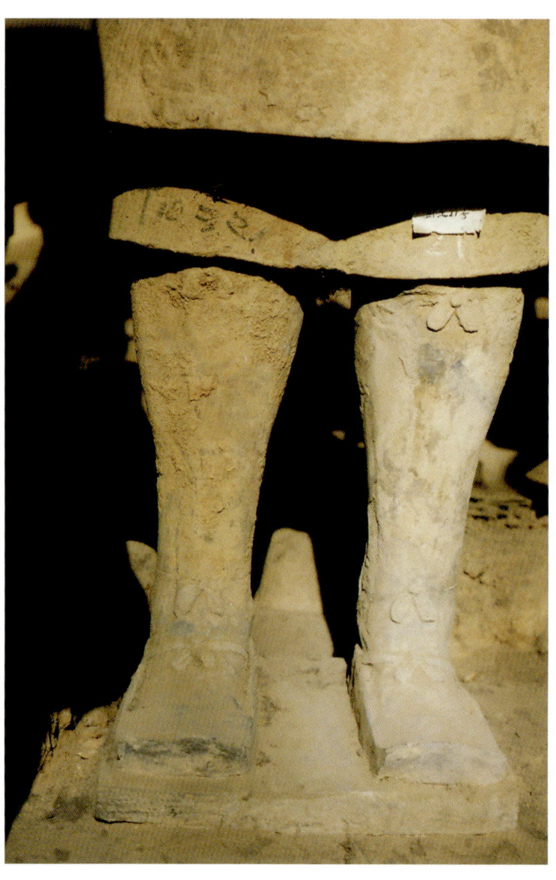

Großaufnahme eines Fußes

Sohle eines knienden Bogenschützen

Panzer eines Kriegers

grandiosen Szene und des detaillierten Schnitzens und Ritzens, vertritt eine perfekte Verbindung von Zeitgeist mit verschiedensten, psychischen Zuständen und feinstem Gefühls eines Menschen. Es ist eine ästhetische Schönheit voll von heroischer männlicher Tragik und verkündet zeitliche Merkmale der zwar kurzen, aber elegischen und heldenhaften Geschichte der Qin-Dynastie. Diese bildende Kunst kann zu Recht mit der früheren Bildhauerei, mit später ausgegrabenen zahlreichen Statuen in Grotten sowie mit den Statuen in Tempeln und Grabanlagen gleichgestellt werden. In der Entwicklungsgeschichte der chinesischen bildenden Kunst spielte sie eine Verbindungsrolle zwischen Vergangenheit und Zukunft, d. h. was man in der Vergangheit begonnen hat, setzte sie fort, und gleichzeitig war sie bahnbrechend für eine neue Entwicklung.

In der feudalen Geschichtsperiode Chinas war die soziale Stellung des Handwerkers sehr niedrig, obwohl er Kunstwerke schuf. Sein Lebenslauf, mehr noch seinen Namen, kann man nirgends in einem Geschichtswerk finden. Zum Glück gab es in der Qin-Dynastie eine Verordnung: Der Handwerker sollte seinen Namen an dem von ihm gefertigten Produkt einritzen. So wissen wir heute von manchen Tonfiguren, von wem sie gefertigt wurden. Bei der Untersuchung und Forschung hat man bemerkt, dass an versteckten unauffälligen Stellen ca. 80 Handwerker ihren Namen hinterlassen haben.

Die in der niedrigen Gesellschaftsschicht lebenden Handwerker, die die Terrakotta-Armee herstellten, waren sicher erfahrungsreich in ihrem Beruf. Aus verschiedenen Gründen sind die Produkte, die in den von Zentralbehörden verwalteten Töpfereien produziert wurden, stilistisch einheitlich und auch von besserer Qualität, und die Werke, die in örtlichen oder Privattöpfereien hergestellt wurden, waren dagegen im Stil unterschiedlich. Generell kann man aber sagen, dass die Tonfiguren in der Grabanlage des ersten Kaisers von denjenigen geschaffen wurden, die zu jener Zeit die besten Handwerker mit hoher Geschicklichkeit waren. Sie haben einen großen Beitrag zur Kunstentwicklung des Menschen geleistet, und ihre Verdienste werden zusammen mit der Terrakotta-Armee unvergänglich bleiben.

Panzer eines Kriegers ▶

Kaiserliche Bronzewagen und -pferde –

Bronzekuriositäten

Im Museum der Qin-Terrakotta-Armee kann man nicht nur eine Parade der mächtigen Qin-Armee ansehen, sondern auch bunt bemalte Bronzewagen mit bemalten Pferden bewundern, was unseren Horizont erweitern und uns die Vortrefflichkeit der Bronzekunst aus der antiken Zeit vor Augen führt.

Ausgrabungsstelle der Bronzewagen und -pferde

Nach historischen Notizen machte der erste Kaiser nach der Landesvereinigung insgesamt fünf Inspektionsreisen, und jedes Mal erschien er in Begleitung von einer großen Ehrengarde und zahlreichen Wagen, wodurch er seine Macht und Respekt zeigen wollte. Aber wie sieht tatsächlich sein kaiserliches Fahrzeug aus? Davon hatte man früher keine Ahnung. Glücklicherweise hat man im Oktober 1980 an dem Ort,

Bronzefuhrmann von Wagen Nr. 1

Rückansicht des Bronzefuhrmanns von Wagen Nr. 1

Bronzewagen Nr. 1 mit Bronzepferden

Ein Teil von Bronzewagen und -pferden ▶

Bronzewagen Nr. 2 mit Bronzepferden

der 20 Meter westlich des Grabhügels entfernt ist, zwei große, bunt bemalte Bronzewagen ausgegraben, die jeweils von vier bunten Bronzepferden gezogen werden.

Das sind die schwersten, prächtigsten, lebensechtesten und vollständigsten Bronzewagen und -pferde aus der alten Zeit unter den anderen, die bisher ausgegraben worden sind. Als Grabbeilagen dienten diese Wagen nur zum Reisen der Seele des Kaisers, konnten aber keine praktische Anwendung finden. Die Konstruktion und das Verhältnis zu den Pferden ahmten doch den tatsächlichen Zustand nach, dazwischen besteht diesbezüglich kein Unterschied. Gemäß der Ausgrabungszeit werden sie Wagen Nr. 1 und Nr. 2 genannt. Jeder Wagen ist mit einer Deichsel und zwei Rädern ausgestattet und wird von vier Bronzepferden gezogen. Die Pferde sind ca. 90 cm hoch, 110 cm lang, 170 bis 200 kg schwer, tragen Gold- oder Silberzaumzeug, -halsband und -zügel, und ihr Körper ist ganz weiß gestrichen. An der Stirn des Seitenpferdes steht ein quastenartiges Schmuckstück, das in der alten Zeit „Dao" genannt wurde und das Symbol für den Wagen des Himmelssohns ist. Die beiden Wagen und die Pferde sind so groß wie richtige Wagen und Pferde. Der Wagen Nr. 1 wurde Hoch- oder Vertikalwagen genannt und fuhr an der Spitze des kaiserlichen Reisezugs. Über dem Wagen steht ein rundes schirmartiges Bronzedach, darunter der Bronzefuhrmann mit einem Schwert, der die Zügel in der Hand hat und ernst nach vorn schaut. Der Wagen ist ferner mit Waffen ausgerüstet wie Schild und Armbrust. Die Muster auf dem Schild liefern wichtige Angaben für die Erforschung der Schutzwaffen in der alten Zeit. Der Wagen Nr. 2 war Sicherheitswagen, auch „wenliang che" genannt. Der Vorderteil des 凸-förmigen Wagenbodens ist für den Fuhrmann, und er trägt einen langen Mantel, eine vogelförmige Kopfbedeckung und ein kurzes Schwert, sitzt kniend und ist 51 cm hoch. Er konzentriert sich lächelnd, als ob er mit seiner

Wagenkasten des Bronzewagens Nr. 2

Fuhrmann von Wagen Nr. 2

Vergoldeter und versilberter Schaft des schirmartigen Dachs ▶

Schmuckstück am Gebissstangenende

hohen Stellung zufrieden und ihm zugleich als höfischer Diener bange wäre. Der hintere Teil mit sich öffnendem und schließbarem Fenster und einer Tür, die ebenfalls geöffnet und geschlossen werden kann, ist für die Herren. Durch die ausgehöhlten, dicht aneinanderliegenden Löcher des Fensterflügels hatten sie gute Aussicht. Der quadratische Wagenkasten befindet sich unter dem runden Dach. Der ganze Wagenbau entspricht der im Geschichtswerk notierten alten Theorie über die Natur: „Quadratischer Erdboden, runder Himmel".

Es ist bekannt, dass die Blütezeit der Bronzekultur im alten China die Shang- und Zhou-Zeit ist (um 1000 bis 256 vor Chr.). Aus diesem Grund wird die Shang- und Zhou-Zeit „Zeit der Bronze" genannt. Danach nahm die Bronzekultur mit der vermehrten Produktion von Eisenwaren allmählich ihren Rückgang, und in der Qin- und Han-Zeit (221 v. Chr. bis 220 n. Chr.) wurden schwere Bronzewaren ganz selten hergestellt. So muss man die hier ausgegrabenen Bronzewagen und -pferde als einen seltenen Anstieg in der Endphase der Bronzekultur betrachten. Die beiden Wagen sind die Spitzenwerke, die alle vorigen besten Kunstfertigkeiten der Bronzewarenherstellung in sich sammeln. Nach einer Untersuchung soll der Wagen Nr. 1 aus 3064 Einzelteilen bestehen und Nr. 2 aus 3462, darunter über 1000 aus Gold oder Silber. Allein die Teile wurden schon durch verschiedene

Wagenrad

Sattelgurt

Verfahren gefertigt wie z.B. Gießen, Schweißen, Schnitzen, Gravieren, Ritzen, Stanzen, Meißeln, Polieren, Intarsien u.a. Manche Methoden wurden erst in der Qin-Zeit erfunden. Die hohe Kunstfertigkeit zeigt sich in der bunten Malerei. Der Wagenkasten und das -dach wurden mit prächtigen, zirruswolkenförmigen, drachen- und vogelartigen Mustern verziert. An vielen Stellen und Einzelteilen wurden auch noch geometrische Figuren wie Rhombus, Rechteck und Quadrat sowie Dreieck verwendet. Das alles zusammen macht einen sowohl herrlichen und schwungvollen als auch altertümlichen und feierlichen Eindruck, wenn man die Bronzewagen sieht. Wegen des Zusammenfalls der Grube sind die Bronzewagen und -pferde entweder zerbrochen oder verformt. Nach jahrelanger feiner Restauration zeigen sich die Bronzewagen und -pferde wieder in ihrer herrlichen Originalgestalt. Sie sollten an der Spitze der nicht nur in China, sondern auch in der ganzen Welt ausgegrabenen alten Bronzewaren stehen und beweisen, wie hoch die damalige Technik und Wissenschaft entwickelt war.

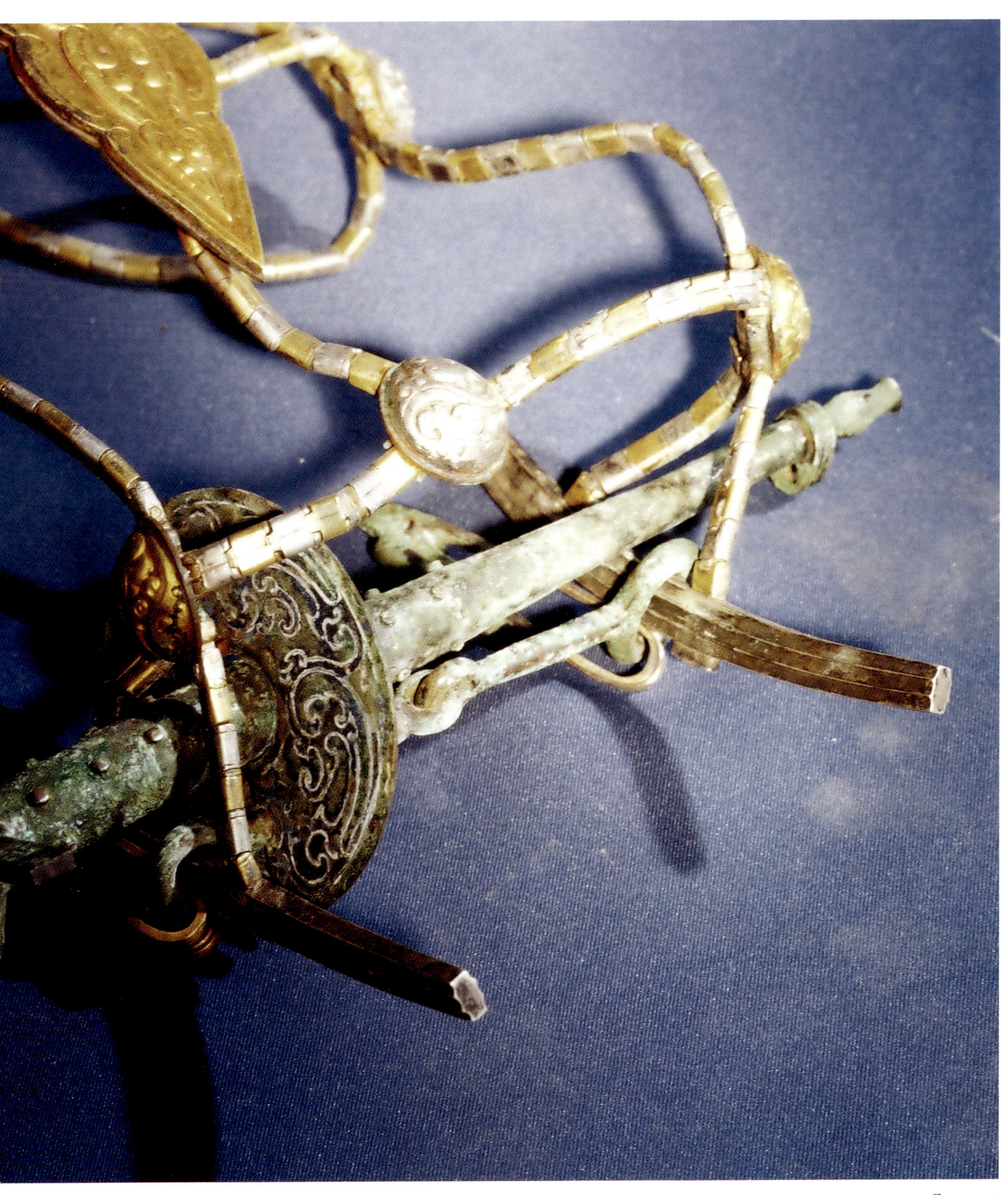

Zaumzeug

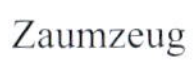

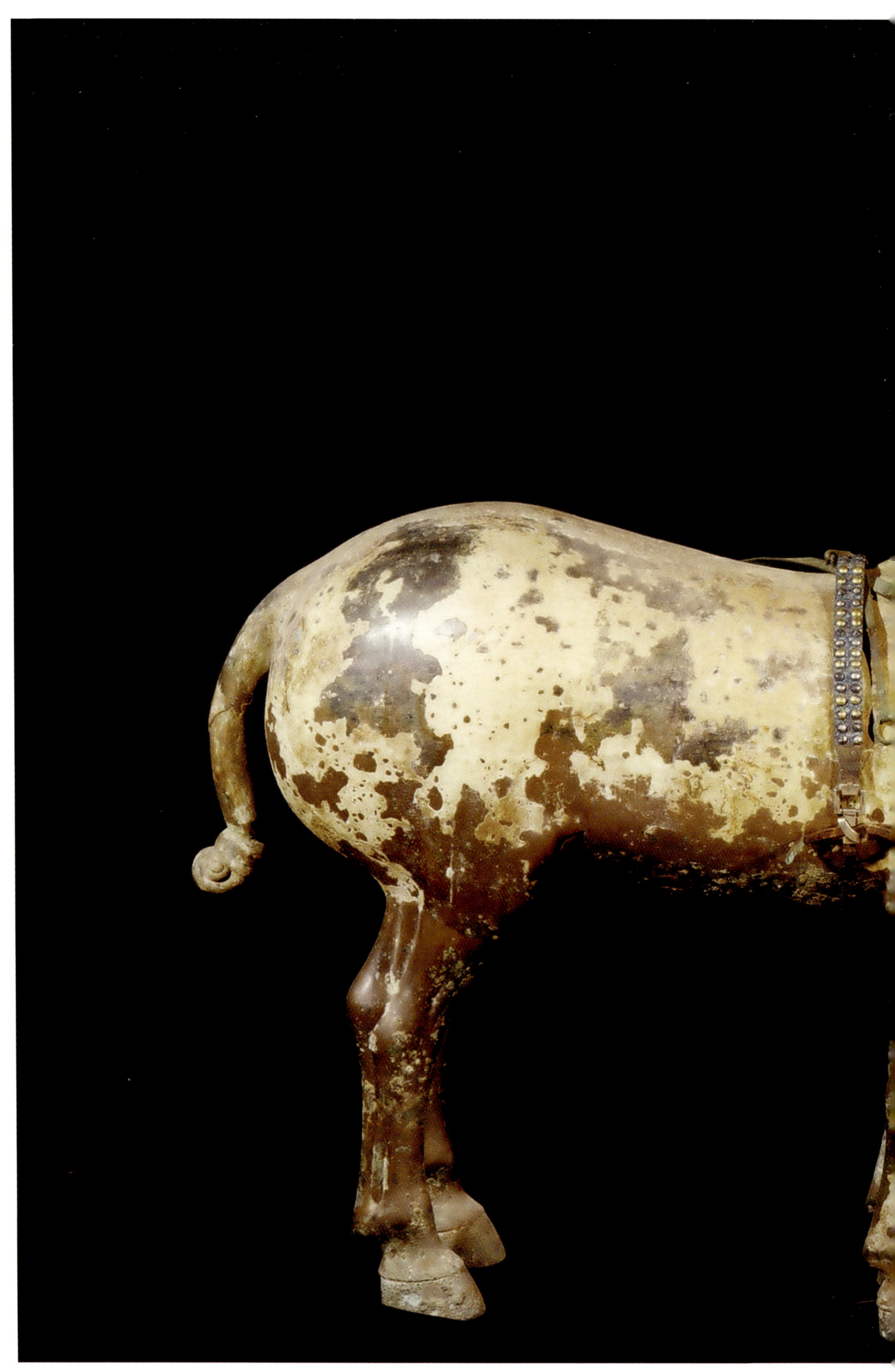

Rechtes Seitenpferd

Kopf des rechten Seitenpferds

Goldenes Schmuckstück am Pferdekopf

Kopf des Innenpferds (Deichselpferd) ▶

Bunt bemaltes Schild

Quadratischer Bronzetopf

Halter für Armbrust

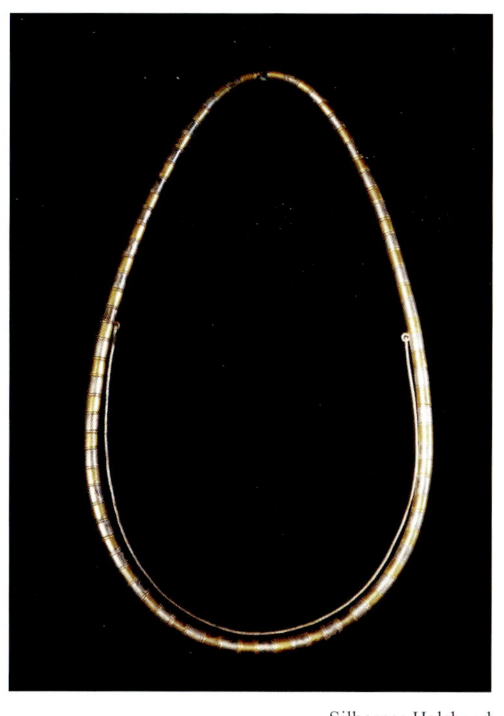

Silbernes Halsband

Muster am bemalten Türflügel

Muster am bemalten Fensterflügel